P9-AOZ-405

MARIAZUEHREN

Schau, die Kartoffel
und ihre Keime,
wie geil die Weiden im März
und eine Wolke – als lehre das Wetter Fortschritt –
den Deich landeinwärts rückt.

Dein Lichtmesser schlägt aus.
Zwei Sekunden lang halten die Aale
auf ihrem Weg zu den Kühen still
und beten, bis sie gerinnt,
die Milch an: ein grütziges Foto.

Ich setze ein Zeichen und lösche es mit dem nächsten.
Die Hühner, die Nonnen, die Vögel, die Scheuchen...
Und als ich heimkam, zerredet ganz und hartgesotten,
ging ich zu, kamen mir Pilze entgegen.
Schirmlinge und Boviste, entwurzelte Pimmel,
die himmelwärts zeugen.

Schau, wie das laufende halbe Schwein
die Schnecke rittlings beschleunigt.
Schau, wie die Köchin in mir
mit ihrer Möse Zitronen preßt.
Schau, was ich wegließ.

Deine wechselnden Blenden.
Dein Täschchen voller Krimskram, Tabletten
und verkniffener Tränen...

Maria, knips mal die Spuren,
die Reste, den Abschaum und meine Kippen,
die ich seit Tagen, um Dich zu ehren
und mich zu beweisen – den Rauch.

Ein masurisches Handchenvoll, aber säuft und frißt
in sich rein, was ich tische: den Steinbutt (in Dill)
nachdem er belichtet, mit raschem Pinsel getuscht
und mystifiziert... (Das ist Anschauung, Ausbeutung;
von Kunst quasselt nur das Gewerbe.)

Krachende Äpfel.
Das Schweigen, nachdem die Zähne.
Ich hinterließ.

Dein Auslöser jetzt, jetzt und jetzt,
weil olle Dreher mit seinem Speckballen
das säuregebissene Kupferblech höht...

Schau, wie der Fischkopf,
den ich auf langer Stange über den Deich hielt,
damit er noch einmal,
wo sich die Elbe von weither auskotzt,
jetzt im siedenden Sud zerfällt
und beide Augen weiß – Glücksbringer –
in Deiner Suppe, Maria, kugeln, damit Du satt
und nicht mehr mit Deinem Dings...
Doch später, entwickelt, sagte der Rotbarsch,
er sei gegen Farbe.

Akwakolor Akwakolor behaupten auf seichtem Wasser
die colorierten Enten.
Aber graustichig ist mein Traum
und verregnet fliehen auf beiden Ufern der Stör
die Horizonte...

Auf einmal (wieder) Gefühl.
Stottern auf neuem Papier.
Als hätten Deine Engel, die Fliegen...
Hier ist kein Streit.
Fremd stehen sich gegenüber,
warten auf Zufall, bilden Legende...

Mit ihrem Tuch nahm sie den Schweiß ab
und überlieferte sein Gesicht.
Ich zeichne bei Ebbe, damit die Flut,
dies, das, Dich und auch Dich in den Sand.
(Könnte ich wie der Staub,
bis ich mich nicht mehr verstehe.)

Was sich engfügt häuft lagert.
Was seinen Raum einbringt.
Jetzt bin ich fünfundvierzig und noch immer erstaunt.

Schau, wie frei ich im Ausschnitt
und die Schwärze, den Zwang,
der auf Weiß besteht, grausiebe.
Schau das gebettete Auge.
Schau die Puppe, nachdem der Besuch ging.
Schau den gebrauchten Tisch.
Plappernde Fundsachen.
Die Gräte der Gräte.
Mit Sorgfalt leichthin: Mariazuehren.

INMARYPRAISE

Look, the potatoes
and their seeds,
how wild the shoots, willows in March
and a cloud – as if weather taught progress –
shifts the dyke inland.

Your light meter needle flickers.
Eels that were on the track of cows
stop for two seconds,
and pray, till it liquefies,
to the milk: a gritty photo.

I make a mark, erase it with the next.
The chickens, nuns, birds, the scarecrows...
And coming home, talked into the ground, radical,
if I went faster, mushrooms came to meet me:
domestool and puffball, uprooted pricks
engendering heavenward.

Look, the running half pig accelerates
the snail it straddles.
Look how the cooking woman in me
squeezes lemons with her snatch.
See what I exclude.

Your changing shutters.
Your little handbags of oddments, pills,
and clenched tears...

Mary, snap the footmarks,
the remnants, the dregs, and my cigarette butts
which I, for days, to honour you
and prove myself – the smoke.

Little masurian slip of a thing, but it eats and drinks
what I provide: the turbot (with dill),
once exposed, a rapid brush sketch,
and mystified... (That's mental, exploitation;
only entrepreneurs gabble of art.)

Crashing apples.
The silence, teeth after.
Have I bequeathed.

Your release now, now and now,
because old Dreher raises up, his glistening mitts inkblack,
the acid-bitten copperplate...

Look how the fish head
I held on a long pole over the dyke,
once more to help it,
where the Elbe from far off disgorges itself,
now falls apart, in a simmering brew,
and both eyes white – spherical mascots –
roll in your soup, Mary, to feed you up,
never again with your thingummybob to...
But later, developed, the red mullet said
he was opposed to colour.

Agfa colour agfa colour declare the ducks,
coloured on shallow water.
But my dream is gray-etched,
and rained out, on both banks of the Stör,
fugitive horizons...

Suddenly (again) feeling.
Stutter on fresh paper.
As if your angels, the flies, had...
No quarrel here.
Face to face they stand, estranged,
wait for the fluke, form a legend...

She wiped the sweat off with her napkin,
and handed down his face.
Ebb tide, I keep on drawing, so that the flood,
this, that, you, and you too, figured into sand.
(If, like dust, I could,
myself no longer understanding me.)

Whatever crowds in, heaps up, accumulates.
Whatever brings a space all its own.
Now I am fortyfive and still am astonished.

Look, how freely, in this hedged space, I am,
and sieve the blackness gray, gray
the compulsion that insists on white.
Look at the bedded eye.
Look at the doll, now the visitors have gone.
Look at the table used.
Chattering trouvailles.
The bones of the bones.
Carefully, the light touch: inmarypraise.

Günter Grass

Inmarypraise

Photographs: Maria Rama
Layout: P. J. Wilhelm

A Helen and Kurt Wolff Book
Harcourt Brace Jovanovich, Inc.
New York

Mariazuehren …

Schau,
die Kartoffel
und ihre Keime,
wie geil die Weiden
im März
und eine Wolke —
als lehre das Wetter Fortschritt —

den Deich landeinwärts rückt.

GRASS 58

Der Lichtmesser schlägt aus.
Zwei Sekunden lang halten die Aale
auf ihrem Weg zu den Kühen still
und beten,
bis sie gerinnt,
die Milch an:
ein grütziges Foto.

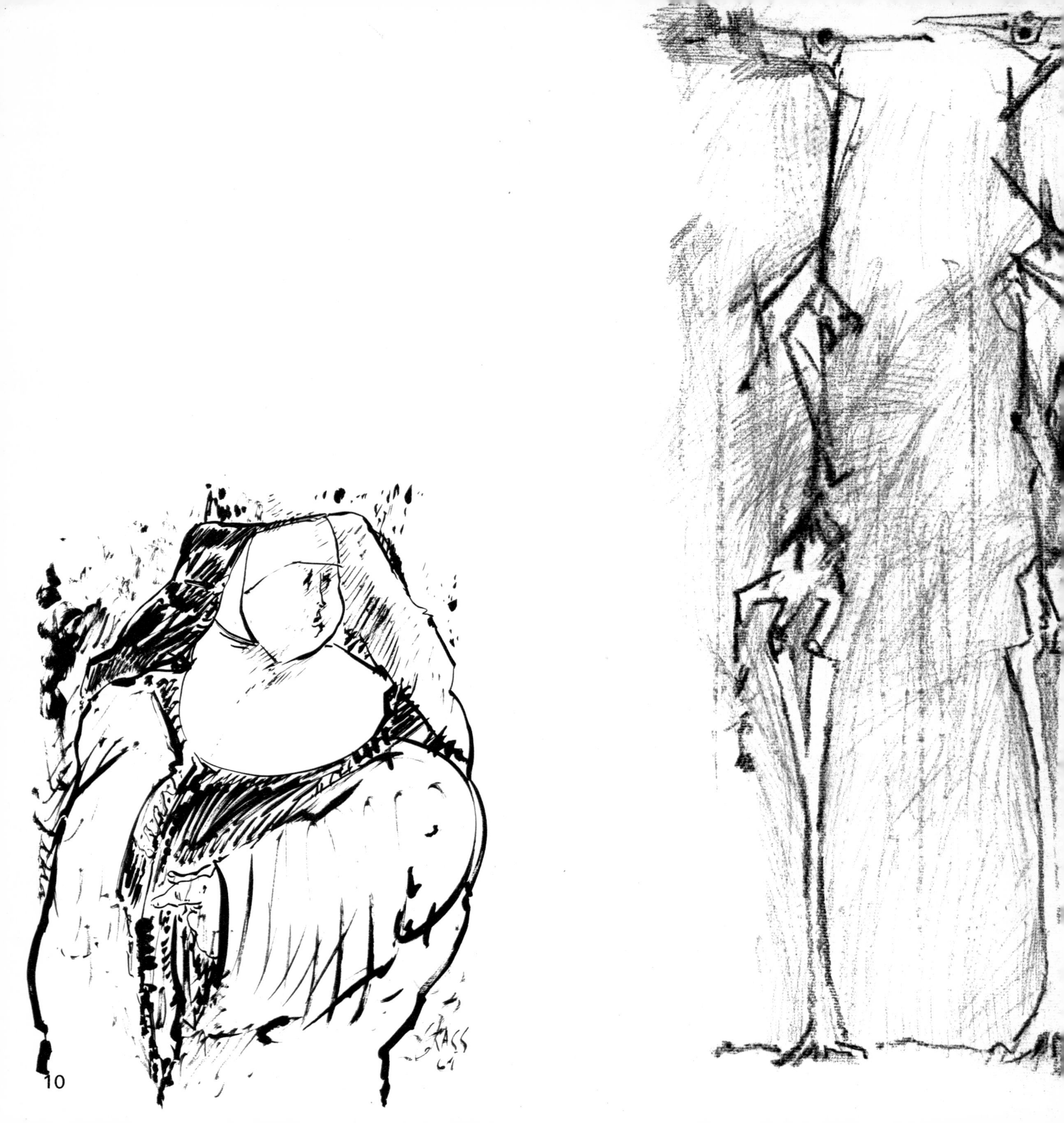

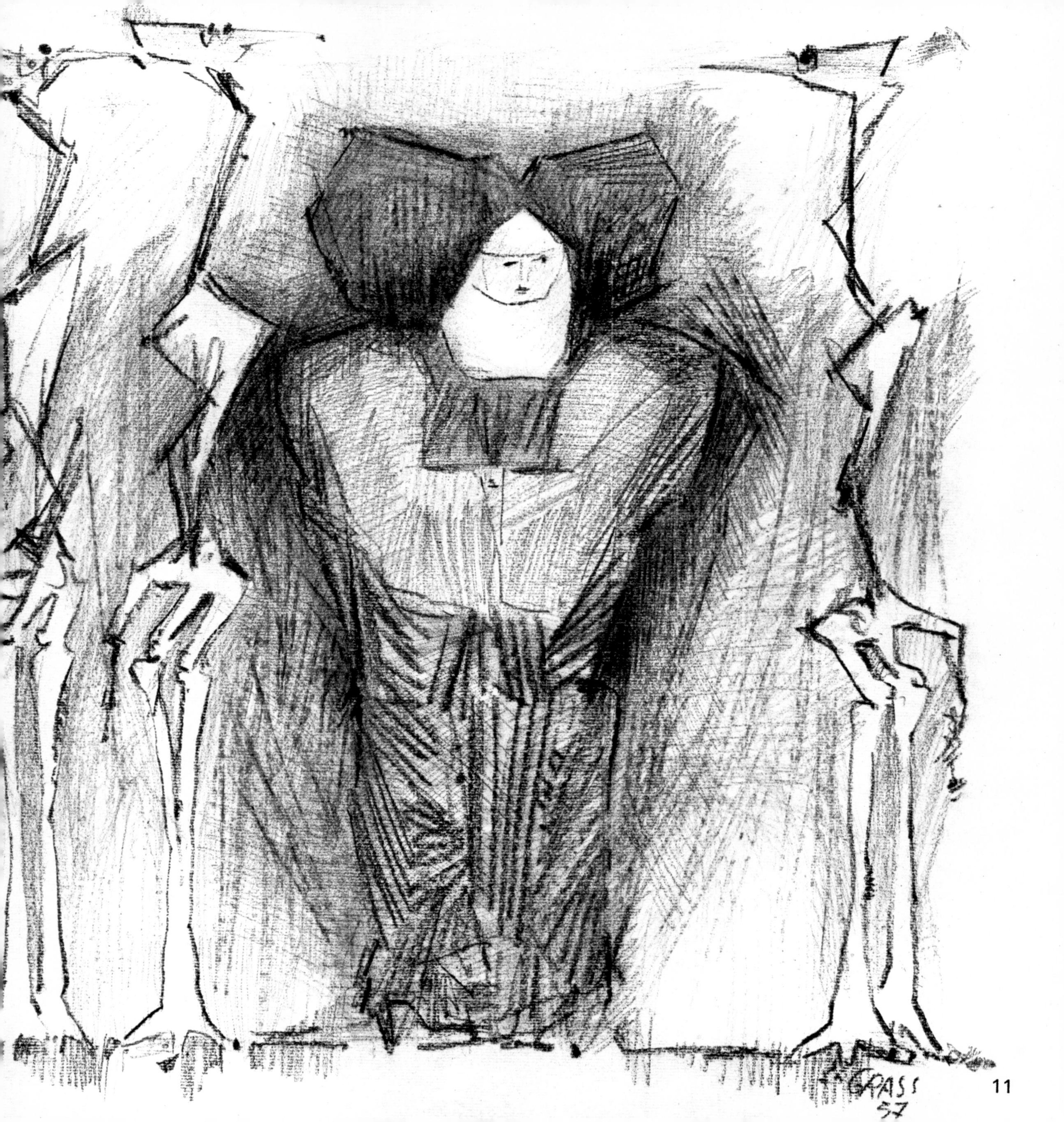
GRASS
57

Mit ihrem Tuch
nahm sie den Schweiß ab
und überlieferte
sein Gesicht.
Ich zeichne bei Ebbe,
damit die Flut,
dies, das,
Dich und auch Dich
in den Sand.
(Könnte ich wie der Staub,
bis ich mich nicht mehr
verstehe.)

Deine wechselnden Blenden.
Dein Täschchen
voller Krimskram,
Tabletten
und
zerknüllter Tränen...

... und als ich heimkam,
zerredet ganz
und hartgesotten,
ging ich zu,
kamen mir Pilze
entgegen:
Schirmlinge und Boviste,
entwurzelte Pimmel
die
himmelwärts zeugen.

Ein masurisches
Händchenvoll
aber zärtlich und frisch
in sich rein,
was ich tische:
den Steinbutt (im Dill)
nachdem
er belichtet,
mit raschem
Pinsel getuscht
und mystifiziert ...
(Das ist:
Anschauung, Ausbeutung;
von Kunst
gequält nur:
das Gewerbe.)

GRASS
24.10.71

Agfakolor Agfakolor
behaupten
auf seichtem
Wasser
die colorierten Enten.
Aber graustichig ist mein Traum
und verregnet fliehen auf beiden Ufern
die

GRASS
66

Tör
zonte . . .

GRASS 55

Krachende Äpfel
das Schweigen
nachdem die
Zähne.
Ich hinterließ...

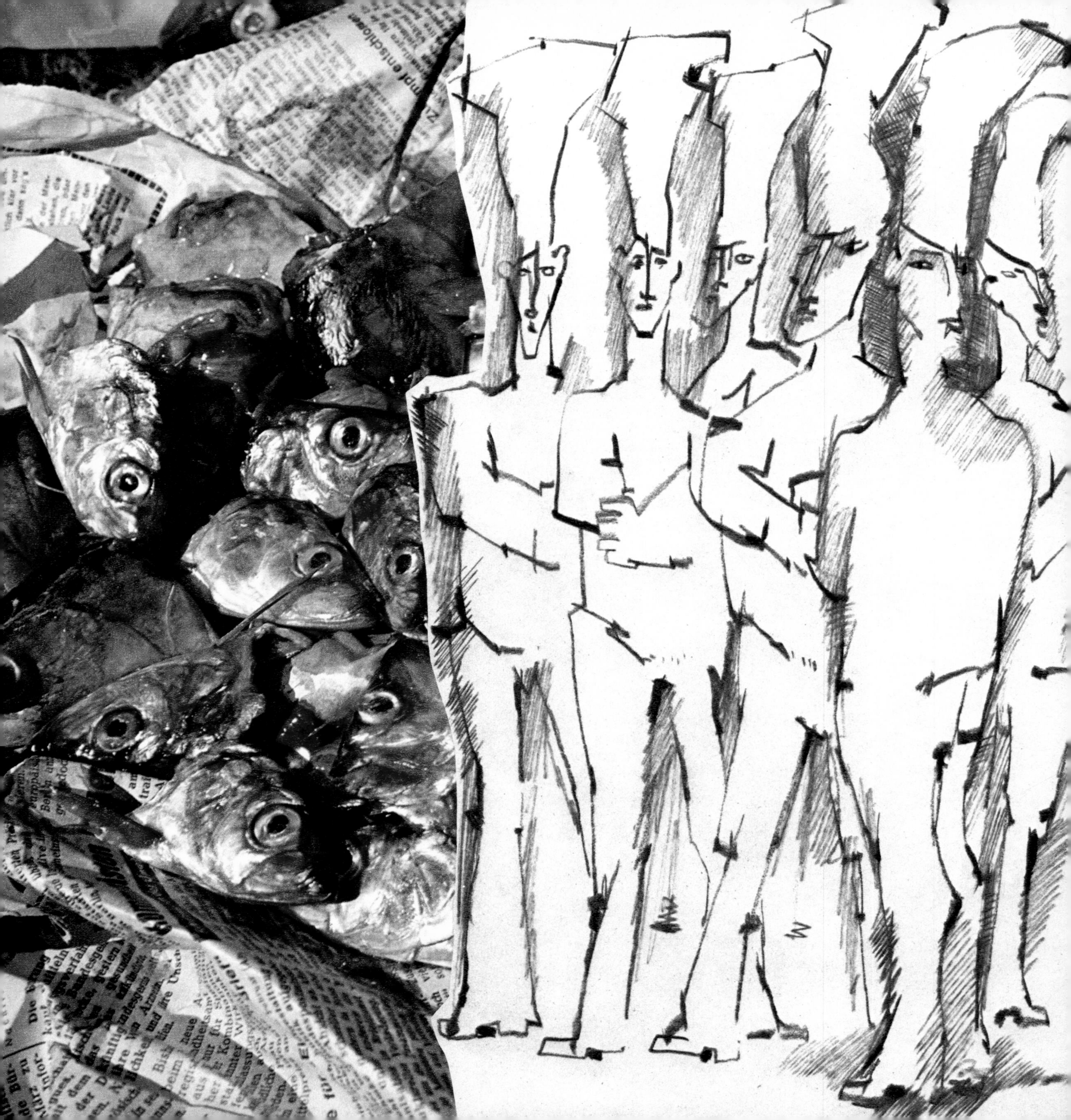

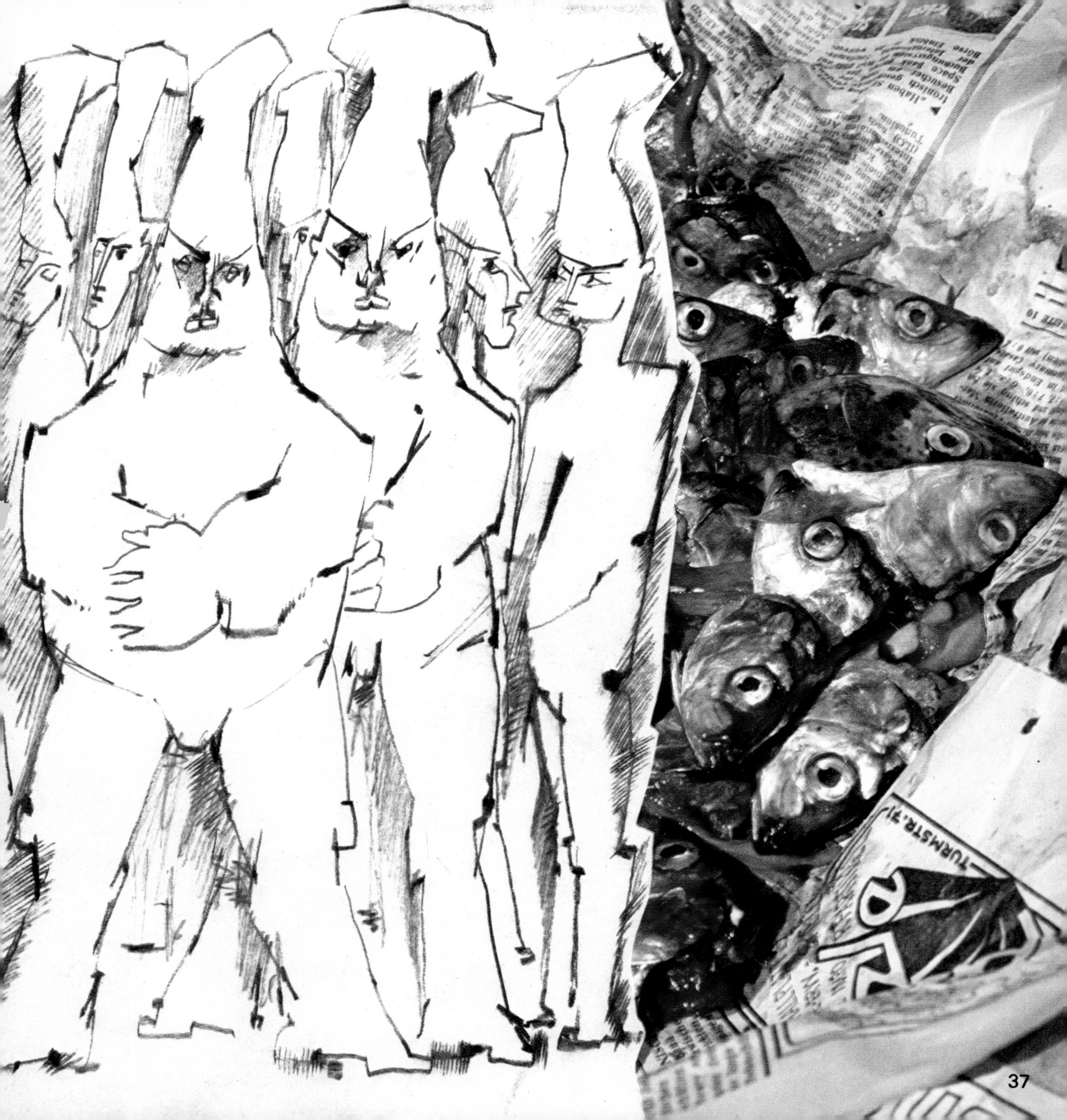
TURMSTR.71

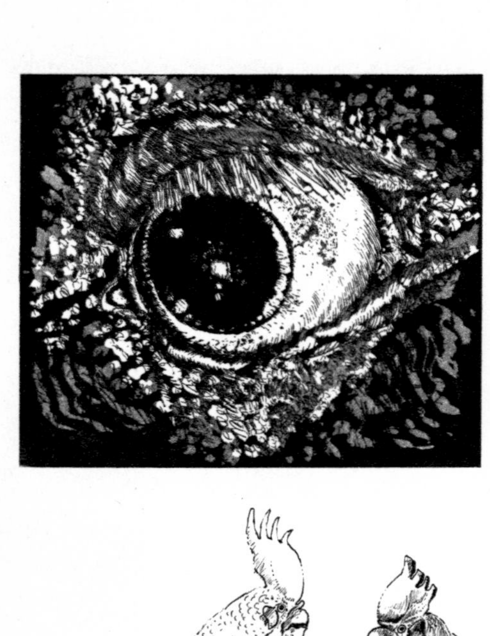

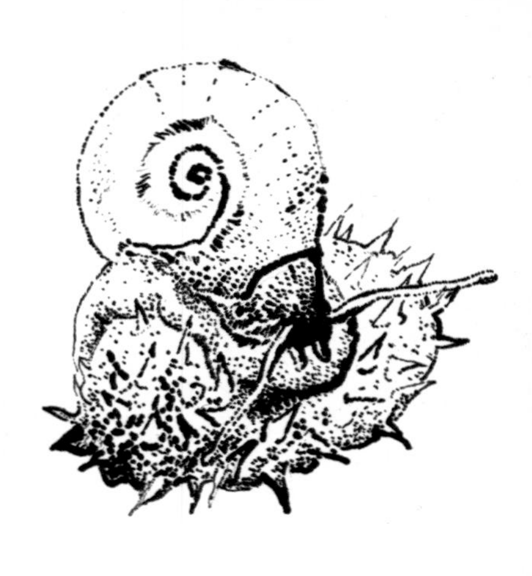

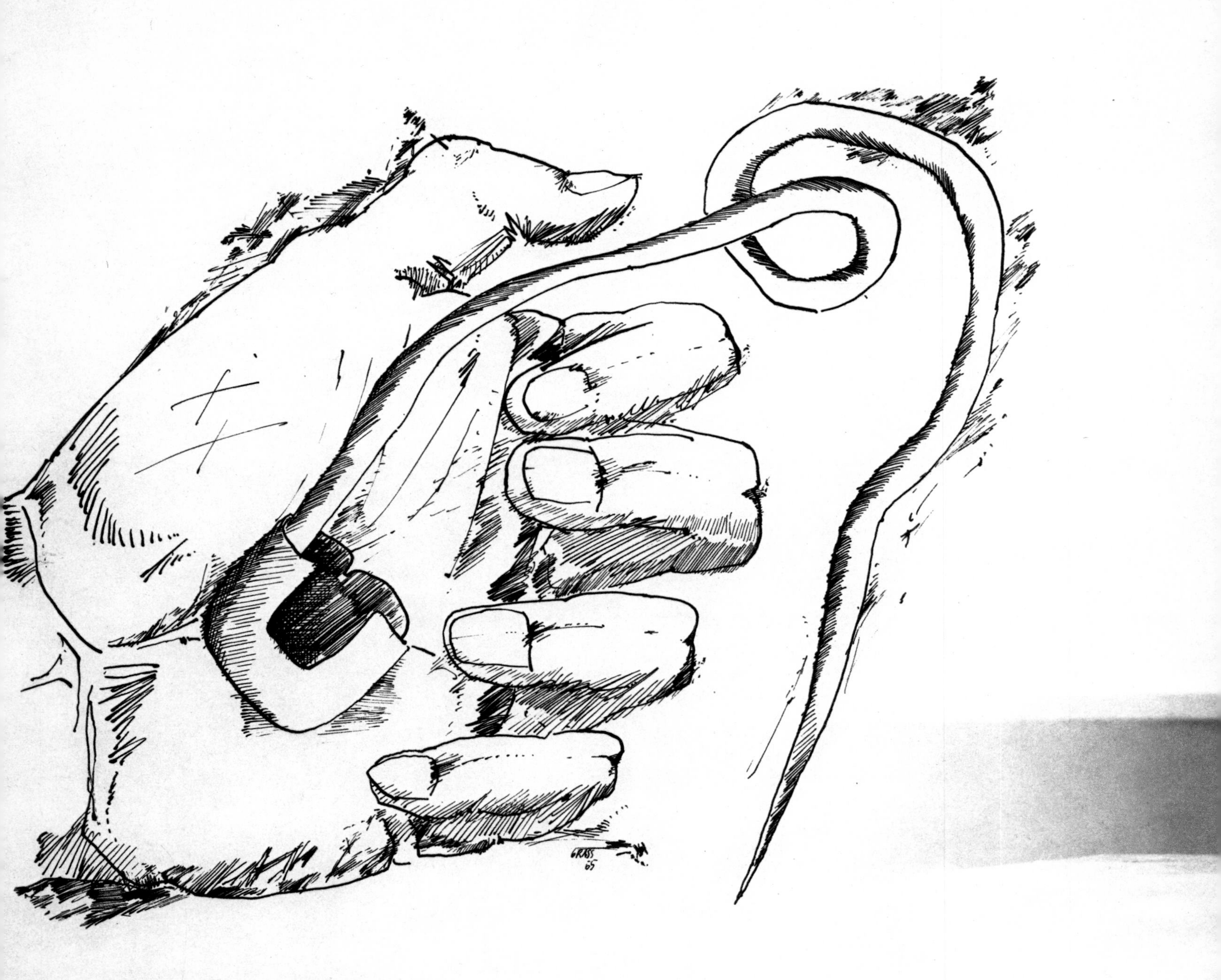

GRASS
60

Mit Franz und Rainer an der

Maria,
knips mal die Spitzen,
die Reste,
den Abschaum
und
meine Kippen,
die ich seit Tagen,
um Dich zu ehren
und mich zu beweisen
— den Rauch.

GRASS
65

Auf einmal
(wieder)
Gefühl.
Stottern auf neuem Papier.
Als hätten Deine Engel,
die fliegen...
Hier ist kein Streit.
Fremd
stehen sich gegenüber,
warten auf Zufall,
bilden Legende...

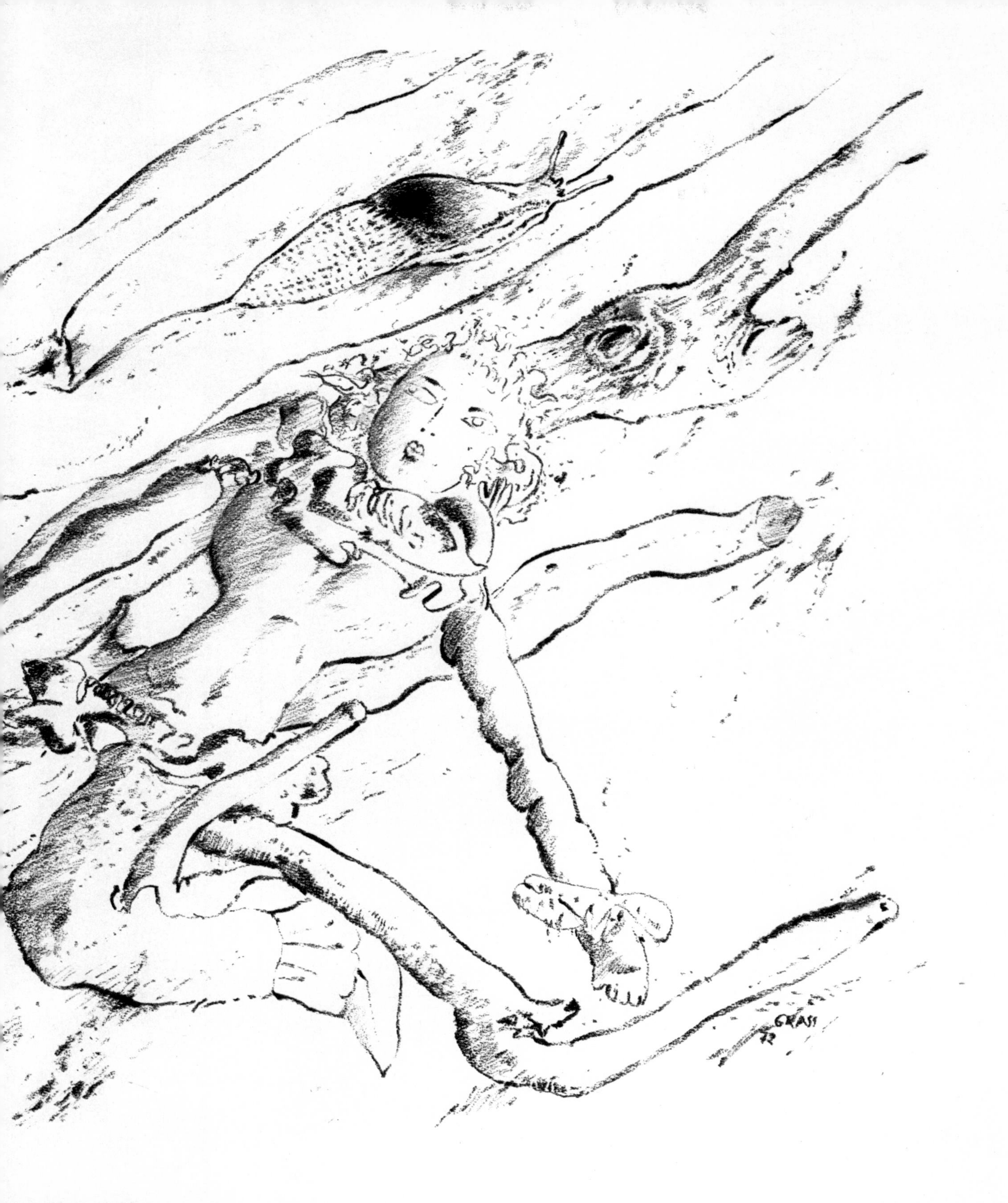

Dein Auslöser geätzt,
jetzt
mitgeätzt,
weil olle Dreher
mit seinem Speckballen
das
säuregebissene
Kupferblech
wischt ...

Der überlieferte Schreck:
zu Ostern
werden die Lämmer länger.

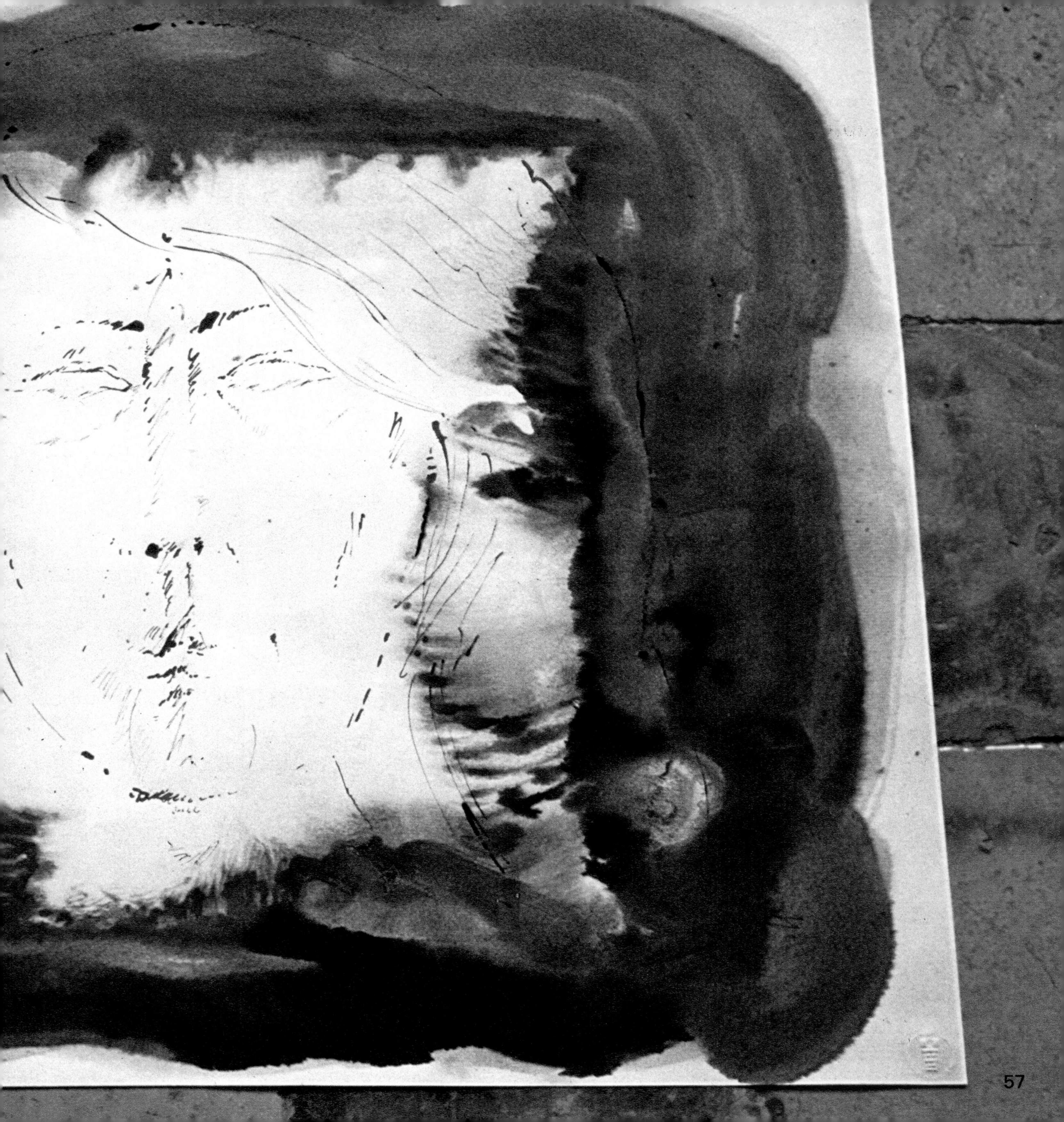

sich dann
Knöchel, um sie
fotografieren und...

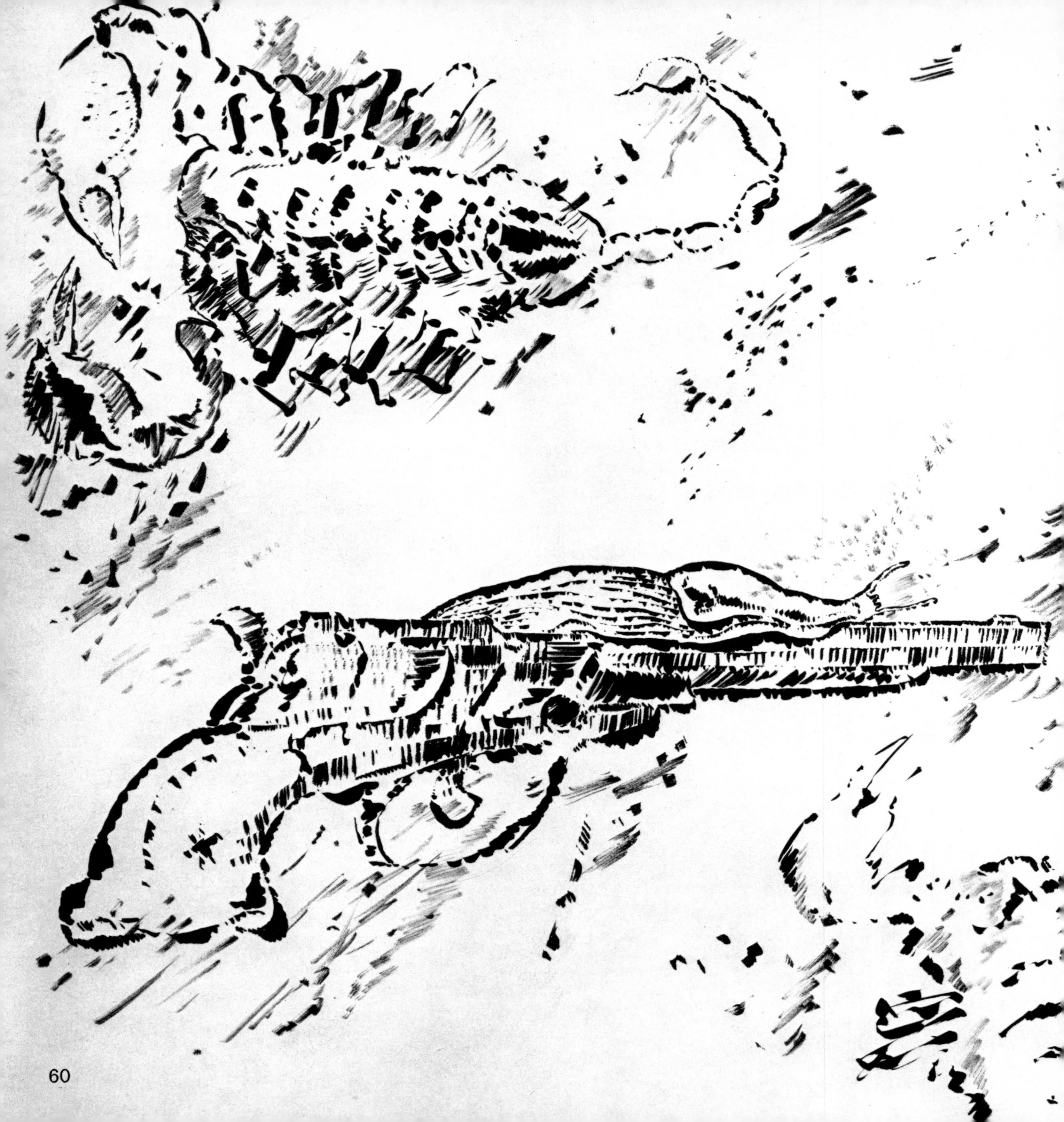

Schau, wie das laufende
halbe Schwein
die Schnecke rittlings
beschleunigt.
Schau, wie die Köchin in mir
mit ihrer Düse
Zitronen preßt.
Schau,
was ich wegließ.

GRASS
28.12.71 z

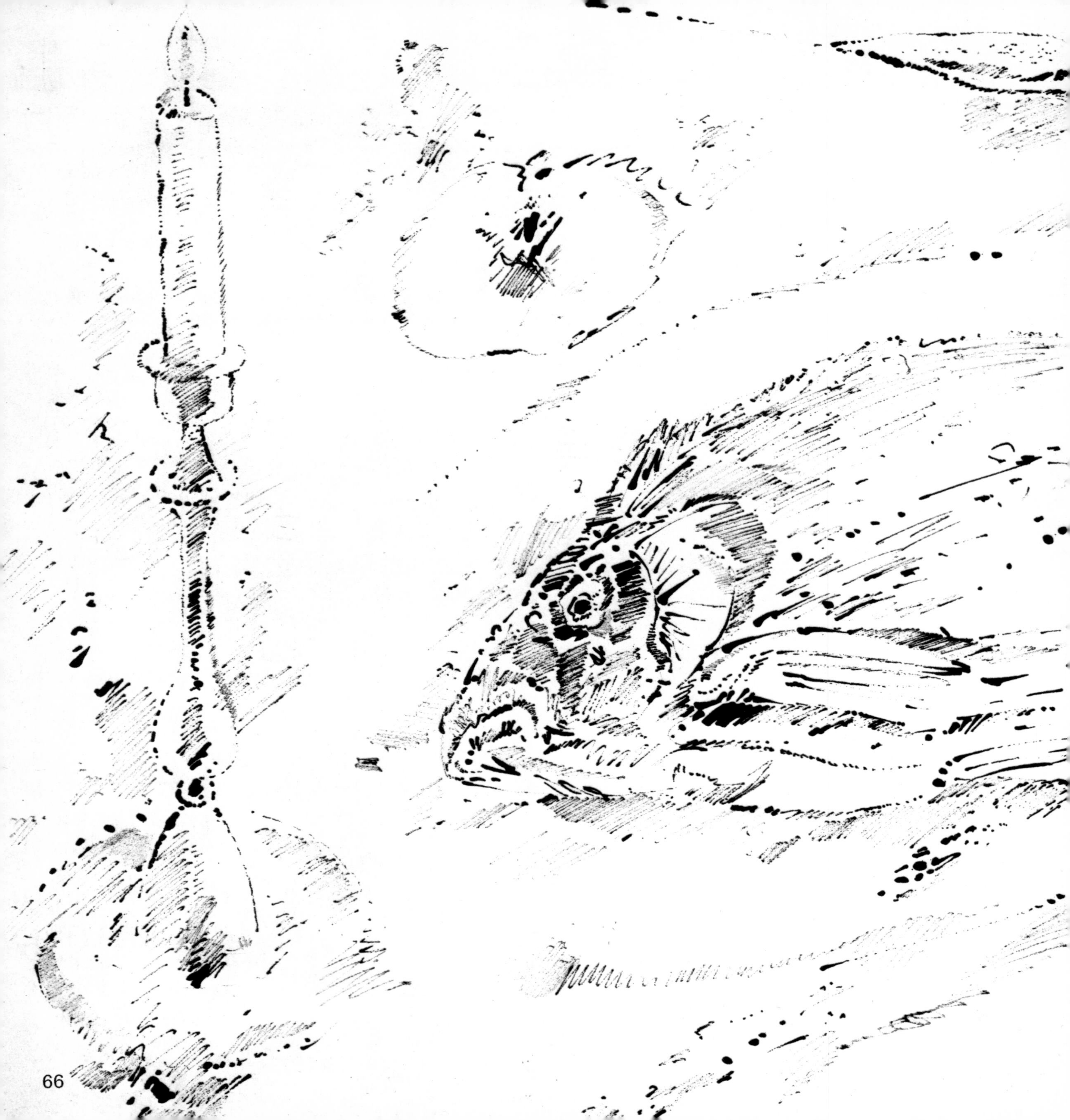

GRASS
4.1.72

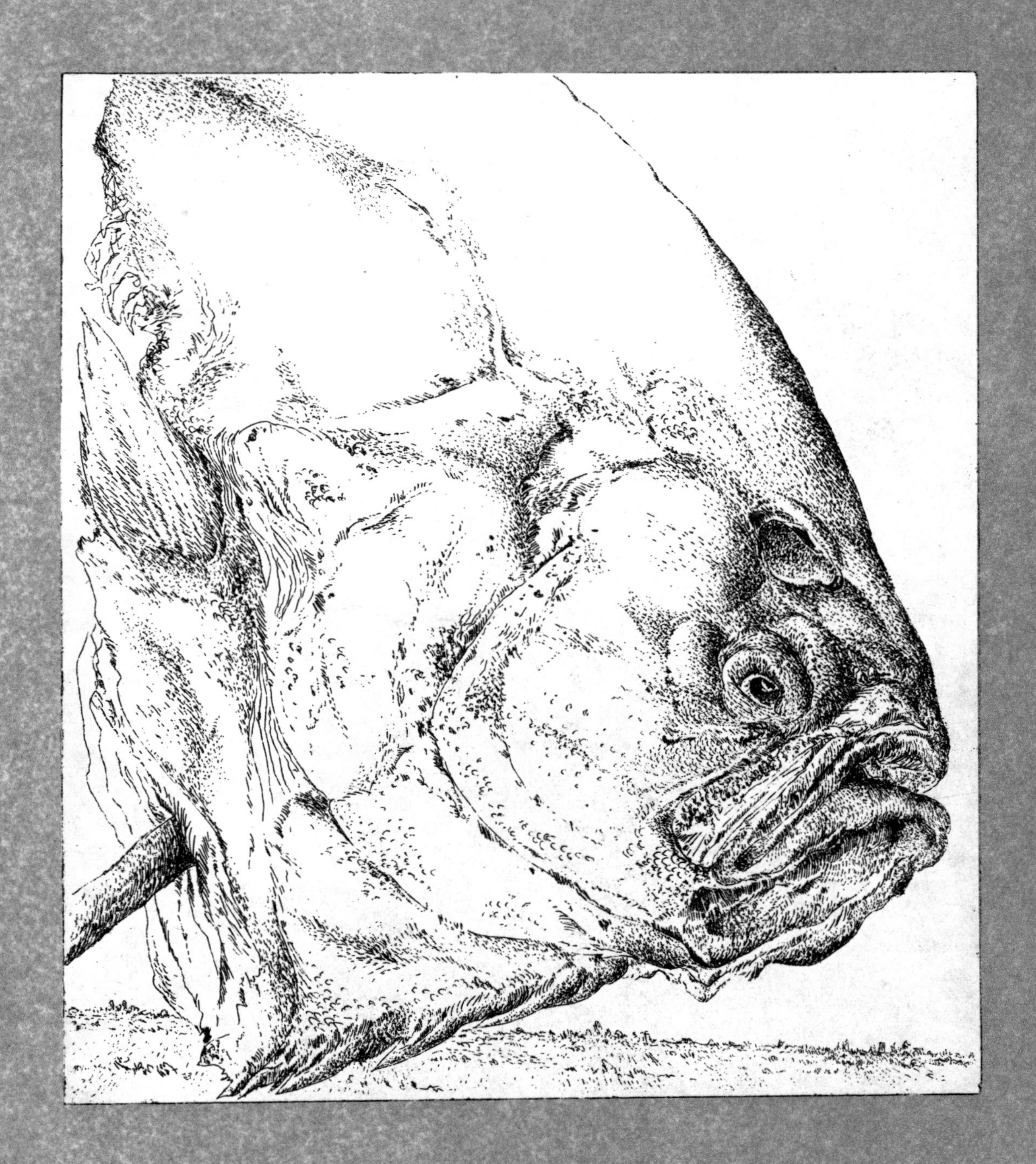

Schon, wie der Fischkopf,
den ich auf langer Zange
über den Deich hielt,
damit er noch einmal,
wo sich die Elbe
von weither
auskotzt,
jetzt im siedenden Sud zerfällt
und beide Augen
weiß: Glücksbringer
in Deiner Suppe, Maria, Kugeln,
damit Du satt
und nicht mehr mit Deinem Dings...
doch später,
entwickelt,
sagte der Rotbarsch,
er sei gegen Farbe.

Was sich
empfängt
häuft
Lagert.
Was
seinen Raum
einbringt.
Jetzt
bin ich 45
und noch immer
erstaunt.

10.8.72

Ich setze ein Zeichen
und lösche es
mit dem nächsten:
Die Hühner,
die Nonnen,
die Vögel,
die Schnecken...

Schau,
wie frei ich im Ausschnitt
und die Schwärze, den Zwang,
der auf Weiß besteht,
gramsiebe.
Schau das gebettete Auge.
Schau die Puppe,
nachdem der Besuch ging.
Schau den gebrauchten Tisch.
Klappernde Fundsachen.
Die Gräte der Gräte.
Mit Sorgfalt Leichtsinn:
Maria zu Ehren.

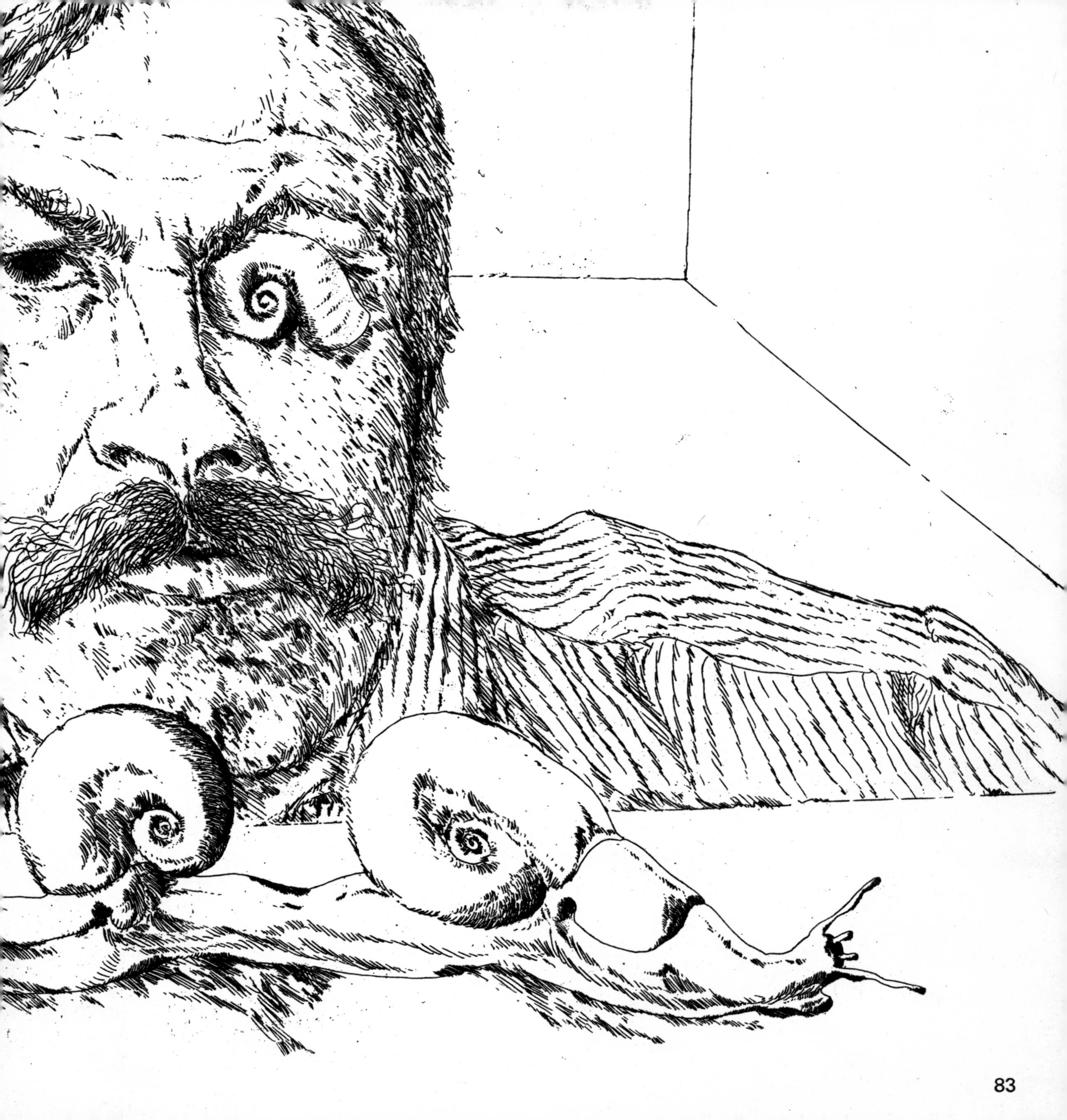

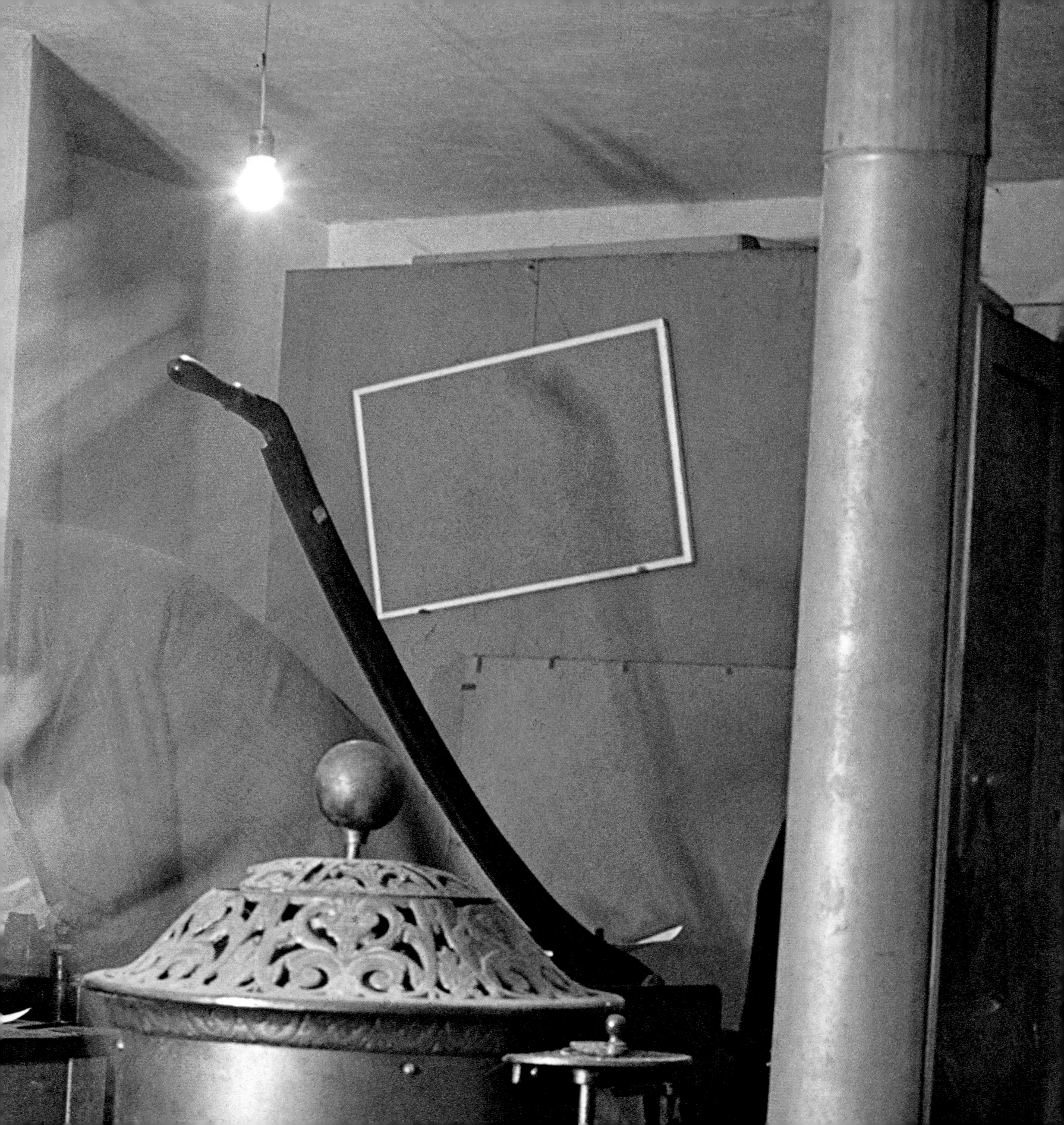

Biographical Notes

1927	Born in Danzig
1945	Briefly a prisoner of war
1946–1949	Studies to become a stone-mason and sculptor
1949–1952	Academy of Art, Düsseldorf
1953	Pupil of the sculptor Karl Hartung
1954	Marries the Swiss dancer Anna Margareta Schwarz
1955	Wins a prize in the Stuttgart Radio's poetry competition
1956	First volume of poems: "The Worth of Weatherhens"
1950–60	Sojourn in Paris
1957	First performance in Frankfurt: "High Water"
1959	Novel "The Tin Drum." First performance in Bochum: "Ten Minutes to Buffalo"
1960	Takes up residence in Berlin. Volume of poems "Gleisdreieck"
1961	Novella "Cat and Mouse"; drama "The Wicked Cooks"
1963	Novel "Dog Years"
1965	Georg Büchner Prize
1966	First performance in Berlin: "The Plebeians Rehearse the Uprising"
1967	Collection of lyrics "Interrogation"
1968	Dialogue with the Czech writer Pavel Kohout "Letter across the Frontier"; "On the Self-evident"; "My Teacher Döblin and Other Addresses." Fontane and Theodor Heuss prizes
1969	Novel "Local Anaesthetic"; play "Max"
1970	Libretto for the ballet "Scarecrow"
1972	"From the Diary of a Snail"

List of Reproductions

/5 Snails racing, charcoal, 1972

/7 Fleeing scarecrows, greased charcoal, 1968

/9 Udder and eel, sturgeon-eels, eel-heads, etchings, 1973

0 Corpulent nun, Indian ink, 1961

1 Nun with birds, charcoal, 1957

3 Two birds, pen, 1956

6/17 Girl, pen, 1956

8/19 Mushrooms, glass with snails and blade, graphite, 1972

0/21 Letter-scales, mushrooms and snail, pen, 1972

2/23 Mushrooms, pen on photograph, 1973

4/25 Phallic mushrooms, etching, 1973

6/27 Nude with mushrooms and snail, charcoal, 1972

8/29 Mushrooms, charcoal, 1972

0 Bird's head, pen, 1966

2 Chicken, Indian ink, 1955

4 Apple-bite, pen, 1966

6/37 Cooks, crayon, 1958

8 Cow's eye, fish-head, etchings, 1973
Snail on chestnut, pen, 1971
Cuirass with parrots, pen,1965

9 Cook with spoon, charcoal, 1960
Apple-bite, etching, 1973

0 Hand with safety-pin, pen, 1965

2 Portrait of Anna, charcoal, 1960

4/45 Walk with lucky finds, pen on photographs, 1973

7 Double helix, Indian ink, 1972

8/49 Town camel, pen, 1965

0/51 Afternoon visit, pen on photograph, 1973

52/53 Doll amid branches, charcoal, 1972

54/55 At Easter-time, pen on photograph, 1973

56/57 Veronika, pen-and-ink, 1973

58/59 Still life, pen on photograph, 1973

60/61 Pistol, snail and scorpions, Indian ink, 1972

62 Stag-beetle and bowl of chestnuts, pen on photograph, 1973

63 Lucky finds, pen on photograph, 1973

64/65 Pig with candlestick and snail, charcoal, 1971

66/67 Carp with candlestick and snail, pen, 1972

69 Eels and udder, Indian ink, 1972

70 Heads of red mullet, etching, 1973

71 Turbot, etching, 1973

73 Snail progressing, etching, 1973

74/75 Lisbeth St. with double snail and radish, graphite, 1972

76 Full ashtray, pen, 1966

82/83 Self-portrait with double snail in space, etching, 1972

English translation by
Christopher Middleton.
List of reproductions by
Cedric Hentschel.

Produced and first published in Germany by
F. Bruckmann KG, München, Graphische Kunstanstalten
Printed in Germany
ISBN 0-15-144406-4